김봉렬 시집

설렘의 눈빛 다시 푸르고

김봉렬 시집

설렘의 눈빛 다시 푸르고

순 수

◆ 시인의 말

 강가에 내려앉은 새벽의 물안개는 밀어내지 못한 부엌 연기였다. 사철 환기하는 것만으로는 폐부의 서까래에 달라붙은 그을음을 어찌할 수 없었다. 독이 가득해진 일상의 언어를 멈추고 쉼이 필요한 때에 잠시 숨고르고 자신에게 온전히 집중해 볼 수는 없는 것일까. 꾸불꾸불한 돌담길을 걸으며 인간과 자연의 공통적인 향기를 함께 이야기하고 싶었다.
 흙내음 홀짝거리며 하루하루 내 마음속 허물만 뒤척이는 일들이 다소 부끄러운 일이지만 용기를 내기로 했다. 사물을 관조하며 그동안 놓쳤던 삶의 의미들이 불현듯 재탄생하는 상념의 조각들을 새로운 시선으로 보여주고 들려주는 일을 하고 싶었다.

2025년 성하

차례

◆ 시인의 말 · 11
◆ 해설 / 유인실_자연 친화와 생명 존중, 그 순수에의 도정 · 110

제1부 혼돈의 젊음은 가볍지 않아

천둥지기 가는 길 · 19
방패연 · 20
우화寓話 · 21
개살구 · 22
꿈길에서 · 23
외암마을 · 24
하늘재 가는 길 · 26
청령포 아리랑 · 28
까치집 · 29
매미를 보내며 · 30
한여름의 속삭임 · 31
여의도 열대야 · 32
한여름의 목련꽃 · 33
묵정밭 개망초 · 34
청개구리의 하루 · 35
헌혈 · 36
물의 노래 · 37

제2부 해묵은 침묵도 남루한 고통도

벽련암 문루門樓에 누워 · 41

바람에게 · 42

밭딸기 · 43

오월, 또다시 붓꽃 · 44

내 마음 · 45

시월, 잊혀진 오후 · 46

꽃비 내리거든 · 48

안목 · 49

수선화 봄꽃 · 50

대장간 랩소디 · 51

먹감나무 · 52

사냥 · 53

커피를 마시며 · 54

바다를 보며 · 56

붕어섬 · 57

파도 · 58

겨울나무 잉어빵 · 59

제3부 고요 속에서 달은 기울고

철부지 • 63
종달새를 다시 보며 • 64
불면의 밤 • 65
거미줄 연가 • 66
견인 치료 • 68
비둘기낭 주상절리 • 70
상사화 • 71
아직도 내겐 사랑이 • 72
유월의 계곡길 • 73
오늘의 상처 너머 • 74
적도의 땅 싱가포르 • 76
꿈 이야기 • 78
오월의 노래 • 79
춘하추동春夏秋冬 • 80
윈더미어 언덕에서 • 82
사랑하는 사람아 • 83
무지개를 다시 보며 • 84

제4부 차마 그립다 말을 못하고

왕버들 큰 그늘 아래 • 89

내 사랑 강릉 앞바다 • 90

추억 속으로 • 92

봄이 오는 언덕 • 94

첫사랑 청매화 • 95

질투 • 96

겨울산 • 97

청맹과니 • 98

행촌리 노거수老巨樹 느티나무 • 100

무지개 • 101

허수아비 · Ⅱ • 102

편지 • 103

호반湖畔에서 • 104

까치밥 • 105

무죄 • 106

보라보라 퍼플섬 • 107

자귀나무 꽃그늘 아래 • 108

제1부

혼돈의 젊음은 가볍지 않아

천둥지기 가는 길

천년송 나무 아래 나지막한 귀틀집
곡우철 못자리 인심 넉넉지 않아
마른하늘 바라보다 노루잠 설쳤는데
천둥친 뒤 여우비에 도랑물이 꿈틀댄다

포대기로 막내둥이 등에 업은 누이가
물꼬 잡는 괭이질로 부산하더니
천둥지기 윗배미 빗물 고인 논이랑에
바둑이도 삽질하며 신명 넘친다

산자락 언덕배기 그리운 얼굴도
기다림의 운명으로 횃불을 높이 들고
목이 말라 하얗게 밤을 지새워
짜디짠 눈물 한 방울까지 모아서
흉부의 심연을 서둘러 써레질한다.

방패연

텅 빈 하늘
종일토록 어루만지던
혼돈의 젊음은 가볍지 않아

서쪽 하늘 매지구름 다가올 때마다
삐뚤삐뚤 사랑의 곤두박질도 하고
부드러운 언덕에 입맞춤도 했었지

준수한 그대 모습 문득 보고 싶으면
방패연 연줄에 가느다란 엽서를 띄워
하늬바람 안으며 무료히 밀당을 했지

내게 다가온 돈독한 인연들은
허공의 나비처럼 감실감실
꽃구름으로 피어나는 사랑 이야기였지.

우화 寓話

숲길 오리나무 아래
언덕길 오르막에서 곤드레만드레
토생원 세상사 비웃으며 허세를 부려
달콤한 달리기 경주 하다 말고
코를 골고 실컷 잠을 자다가
강물 도도히 흐르는 법을 모른다

오 리면 어떠하고 십 리면 어떤가
그게 그것이라는 생각을 떠올리던 중
거북이가 곤히 잠든 토끼 곁을
실눈으로 노려보며 이미 스쳐 간 뒤 오래
명리 名利를 앞에 두고 헛된 꿈을 꾸며
대책도 없이 시공을 베어 문다

거리 공간 가늠하던 선인들 오리나무
덧없이 흘러가는 구름도 서로 마주 보고
앞서거니 뒤서거니 하건만
하루살이 구조물을 목전에 두고
나의 일상 교만 섞여 서두름이 잦으니
루저의 탁한 수작인가 보다.

개살구

무덥던 오뉴월 뙤약볕이
자주색 잼으로 스멀스멀 익어가고
노랗게 잘 익은 벗들이 떠나던 날
나 홀로 볼품 없이 남겨진 인생이다

매력 없이 줏대만 세우다가
우아한 그대에게 관심 끌지 못하고
애틋한 사랑으로 돌보아지지 않았지

살가운 정도 없이 무료한 시간의 끝
차라리 건조된 우울증에 빠지기 전에
끈적이는 비트 슈거 없이
나 혼자 뒹굴고 으깨어지다가
농익은 마그마처럼 펄펄 끓으며
환골탈태하여 다시 태어나고 싶다.

꿈길에서

자욱한 새벽안개 산모롱이 뒤안길
양곡리 호숫가에 산책 나온 물새들이
은행나무 물그림자 아래에서
숨비소리 토하며 자맥질한다

나는 이른 아침에 산 그림자 따라
오장의 허기부터 채우려 하는데
주린 새들은 노란 은행잎 주워 물고
물수제비를 뜨며 비상을 꿈꾼다

춘삼월 이른 봄부터 늦여름까지
햇살 가득한 소금랜드 뒤뜰에서
알뜰히 성긴 꿈을 키워 온 너와 나
지금은 웃음소리 훔치고 떠나야 할 시간

눅눅한 추위와 조락을 넘어서
일제히 치솟는 물새들의 날갯짓
곱게 물들어 가는 황금빛으로
은행잎 광장은 은방울 소리 가득하다.

외암마을

최저 임금 삯일꾼
이삭 붙은 볏단 들어올리려
굼뜨게 사다리 타는데

노란 은행나무 하늘길
무심히 날던 참새 떼가
초가집 해묵은 지붕 위
사뿐히 내려앉는다

외암리 박 첨지는
애지중지 아껴 쓰던
용마름 썩은 등허리도
이참에 큰맘 먹고
때때옷으로 바꾸려는데

선량한 일꾼들
볏짚 이엉 이다 말고
팔목시계 쳐다보며
막걸리 새참에 시나위 타령

덩달아 출렁거리던

외양간의 낡은 거미줄
바람이 든 세월마저 춤을 춘다.

하늘재 가는 길

백두대간 탄항산과 포암산이
마주 보고 팔뚝 힘 겨루는 사이
상모면 청설모는 망태기 걸머메고
계립령 잣나무 고갯길 넘나든다

솔바람이 복자기 나뭇잎을
온통 붉게 물들이는 하늘재*
길손들 청운의 꿈 어디메
천년 인고의 시간이 가로질러 멈춘다

보부상 간난고초 풀어놓은 너럭바위
팔도의 사랑방 되어 재담이 키득대고

한결같이 우렁찬 폭포 소리
미륵리 목탁 소리도 정진하며 여전한데
고단했던 하늘재 고갯마루는
인욕의 세월과 작별해야 할 시간

두루마기 걸친 선비의 괴나리봇짐에서
꾸역꾸역 꺼내어 들은 희망과 좌절,
기다림으로 두근거리는 피리 소리를

귀 기울이며 다시 듣는다.

＊신라 아달라이사금의 혜안으로 개척한 충주의 고갯길

청령포 아리랑

산마루턱 노산대 넘자 하니
적막강산 깎아지른 육륙봉
청령포에 무심한 달이 뜬다

승냥이 굽은 마음 무리지어 감추고
표독한 삵들이 여린 가슴 훔친 지 오래
영월 서강의 말발굽 울타리로
위리안치 불러온다

한양 천리 지척에 두고
말도 없이 휘돌아가는 저 바람아

마른번개 먹구름에
우레마저 포효하던 청령포야
오백 년 한이 서린 아리랑을
에둘러 부르지 마라

관음송 두 줄기 갈라진 틈새로
잠 못 이뤄 눈물 훔친 어린 임이시여
손때 묻은 망향탑의 녹슨 때까치집
쪽빛 단장 늙은 어미 까악까악 찾아 든다.

까치집

어린 시절 방패연 가오리연 날리던
야트막한 언덕길 강둑에 서서
아름드리 미루나무를 올려다본다

오래 된 나이와 훤칠한 키에
뻔드르르 윤기 흐르는 머리결
거인의 넉넉한 품에 안긴 까치집
알에서 갓 부화된 새끼들 울음소리에
구름과 나뭇잎새 찰랑찰랑 흔들리는데

밤하늘의 은하수 별빛이
호기심 가득 초롱초롱 다가와
나무의 숨결 소리를 헤아리는 밤
새 생명의 심장 뛰는 소리에
강물도 은비늘처럼 흥에 겨워 출렁인다

까치집 보금자리에 온기가 돌아
곤히 잠들어 있는 어린 생명들
세상사 상처나 고통 없이 살아갈
용한 꿈을 밤새 꾸고 있을까?

매미를 보내며

열대야로 이어지는 한여름밤
산언덕 풀벌레의 코골이 합창에
애꿎은 참매미는 단잠을 설치고
섧게도 고래고래 어찌 울어댑니까

살다 보면 배시시 미소 지을 일도
살포시 옷고름 동여맬 순간도 있으련만
이승의 가느다란 연분마저 아끼려고
허탈하게 울기만 합니까

칠석날 오동나무 가운데 다리목에서
팔다리 부들부들 떨어 사랑 나누고
외골격 몸서리쳐 곱게도 탈피했는데

잎그늘에 머쓱한 헛기침만 남기고
아름다운 그 시절 그립다 말도 없이
훌쩍 그리 가시면 나는 어찌합니까

한여름의 속삭임

상사화 꽃봉오리 임 그리워 봉긋봉긋
칠월 칠석 가마솥 찜통더위 잊으려고
잎그늘 맨땅 위로 고개를 내밀지요

화단 뒤 싸리울에 닭장 지붕 올라탄
파아란 나팔꽃과 노란색 달맞이꽃도
초롱초롱 진득하게 별밤을 헤아려요

하운夏雲은 바람 따라 허공을 누비는데
부질없이 헤매어 번잡했던 나의 영혼
하루 종일 말미 받아 휘게에 잠겨요.

여의도 열대야

중복과 말복 사이
머리카락 어지러이 작열하는 태양
대지의 배꼽이 벌겋게 달궈지던 날
대장간의 무쇠솥 하반신 신음 소리

널찍한 산중턱의 얼음계곡마저
숙취로 뿜어 내는 물안개의 반란으로
동굴 천장에 나른히 매달린 박쥐도
손과 발이 화상을 입었다

잠시 한나절의 브레이크 타임인가
재잘거리던 새 소리도 일제히 멈춘다
열대야, 검게 타는 살갗 뜨거워진 지평선
이 땅의 해열제를 죄다 끌어안아
나부터 살아야 한다고 아우성이다.

한여름의 목련꽃

무심코 초복이 지난 한여름 오후
너울너울 춤을 추는 오동잎 사이로
수줍게 얼굴 내민 자목련을 바라본다

흡족함이 지나쳐서 눅눅한 장마철에
우울감 떨치고 싱싱한 웃음 선사하는
열아홉 살 소녀의 화사한 얼굴

산마루 넘어오는 살가운 바람결에
사뿐히 걸터앉은 고고한 자태
한 무리의 홍학이 날개를 푸덕거린다

지난날 철 이른 새봄맞이 집단장에
그대 위한 융숭한 대접 서툴렀는데
우연히 다시 찾아온 기억으로 설렌다

여름철 귀청 떨어지는 매미 울음처럼
우아하고 상큼한 사랑의 연가인가
망중한에 꽃밭의 귀인을 다시 만난다.

묵정밭 개망초

구멍이 송송 뚫린 돌담장 너머에서
성가신 환삼덩굴 며느리배꼽 내던져
구슬땀 흘려가며 고추밭 일구시던
계곡길 이웃 동네 웃음꽃 할머니

몇 해 전 무덥던 삼복더위 즈음
우리 집 우물가의 냉수 한 그릇
수고로움 헤아려 곱게 떠서 건넬 때
며느리밑씻개 얘기하며 미소지었지

눈 많이 왔던 그해 겨울 동짓날
마실 가는 길에 낙상하여 안타깝더니
고관절 수술 후에 요양원 입소하여
이제는 가뭇없이 소식조차 뜸해진다

계곡물 유난히도 불어난 장마철에
돌봄 없던 묵정밭 기린 모가지처럼
뻐꾹새 울 때마다 개망초 꽃대 웃자라
돌담장 너머로 자꾸자꾸 기웃거린다.

청개구리의 하루

징크 지붕에 내려앉은
마른장마의 자비는
뇌성벽력의 혼돈스러운 소나기

왜소하고 귀여운 청개구리 한 마리
숙명적인 인습의 굴레 한 두름
낙인烙印의 불명예를 벗어나려
물확에 고인 물로 개운하게 얼굴을 씻는다

은하수 너머 양지바른 비탈을 향해
밤하늘의 블랙홀 가까이 면벽수행하고
거역하지 못할 중력까지 거슬러

오늘 밤 차가운 유리창 너머로
반짝이는 별빛이 이끄는 대로
탁월한 달란트 앞세워 엉금엉금 용맹정진한다

기필코 푸른 도포 걸친 작은 거인
우렁찬 빗줄기 요리조리 부여잡고
음울한 지난날 벗어나 하늘길에 오른다.

헌혈

밤안개 오솔길에 으슥한 한여름밤
덜 익은 얼굴 한쪽의 야릇한 감촉
다짜고짜 내 뺨을 후렸지만 한발 늦었다

벌겋게 부어올라 가려운 볼때기
성가신 풀모기의 습격은 순식간이다
선전포고 없는 공격성과 비열함
차라리 멸종 위기종이라면 좋겠다

하늘이 내린 개체수 종족의 번식인가
조물주 큰 소명 앞에 어리석은 이바지
분한 맘 접어두고 환부에 단방약을 바른다
여전히 굼뜬 손, 밤하늘의 별들이 피식 웃는다.

물의 노래

벽오동 널찍한 잎사귀에
사뿐히 걸터앉은 햇살이
호숫가 수면에서 파르르 반짝이며
여린 생명체의 아우성을 부른다

반건조半乾燥한 오징어처럼
나는 아직도 사리 분별 미숙하여
덜 자란 품성을 물수제비질로
짓궂게 달래보는 서러운 악동惡童

뉘엿뉘엿 하늘길 날아올라 만 리 길
꿈의 고향 찾아갈 우화정 청둥오리는
한 무리의 찰랑이는 윤슬 더미로
허기진 배를 야금야금 채우는데

빛 고운 서래봉 내장단풍 나뭇잎
종일토록 곱디고운 아기 손 펼치어
나룻배 머리맡에 옹골차게 모여드는
옥쟁반 은구슬의 자맥질 향연

제2부

해묵은 침묵도 남루한 고통도

벽련암 문루門樓에 누워

내장산 아기다람쥐 잠이 든 사이
개암나무 밑동에 몰래몰래 숨겨 둔
도토리 한 움큼을 등짝에 메고
숨죽여 굽이굽이 서래봉에 오른다

발우대 공양 앞세워 일주문 넘으니
벽련암 문루에 피안彼岸의 공동체 마을
거꾸로 사는 세상이 별미라는데
세상일을 뒤집어 되새김질한다

은싸라기 하늘을 푸른 바다 삼고
쪽빛 바다를 하늘가로 삼으니
물 위에 떠 있는 기암괴석 봉우리들
역발상의 선계가 눈앞에 펼쳐진다

비몽사몽 월궁 선녀 만나는 듯
우화정 두 날개를 암팡지게 붙잡으니
쪽잠 문득 밀어내는 다람쥐 모자
차안此岸의 풍경 소리 툇마루를 두드린다.

바람에게

한량없이 청징淸澄한 탐라의 바람아
원시의 사려니숲길 가는 노루목
거문오름 거푸거푸 넘어가는 바람아

애써 가꾼 돌담길 넘어지지 않도록
마그마가 벌겋게 달궈지고 또 익어도
너는 나에게 다독다독 위로를 주었지

한라산 갈까마귀 무등 타는 바람아
간난 세월 이겨 낸 참빗 같은 구상나무
흰 사슴의 마른 눈빛도 닦아 주고 가려무나

밭딸기

수줍은 듯 파아란 잎그늘의 허리춤
붉은빛 애틋하게 풀잎마다 젖었는데
드뿍드뿍 큰 이문 남기려던 본분 앞에
검은 욕망 은밀히 밤 사이에 다가온다

유월의 남새밭을 곱다랗게 물들이다
푼푼이 시간 아껴 말이 없이 익어 가는
탐미적 사물로나 이로운 생명으로
순간에 머물러라 서로 익히 배웠건만

졸직한 달란트로 비옥한 이 땅에서
애당초 후숙後熟만을 원하지 않았는데
열매 자루 뚝딱뚝딱 세월만 홀로 두고
이대로 변화 없이 떠나야만 하는가

오월, 또다시 붓꽃

산골짜기 야트막한 언덕마루
야윈 영혼을 살지게 하는
저먼-아이리스 보랏빛 춤사위

고대광실 찬연했던 빛과 그림자로
오물오물 아련한 꿈을 다시 꾼다

꾀꼬리 울음소리에 비구름 몰려오고
초여름의 산들바람 떠날 준비 하는데

온종일 발버팀한 잎자루의 고요는
마른 바지랑대 떠받친 천막 아래
밤하늘의 별처럼 잠들어 있다.

내 마음

산모롱이에 아지랑이 피어오르면
나의 마음은 연둣빛 고요
찰랑찰랑 윤슬 가득한 호반에
고사리손 흔들리는 작은 북 소리에도
싱거읍게 미동하는 버드나무요

이른 봄날 스적스적 솔바람 불어
나의 낡은 영혼 구만리 장공에
잠시간 머물다 인연 따라 떠나는
쓰르렁한 버들피리 한 곡조
봄 밭갈이하는 양떼구름이 되어

하얀 모란꽃잎 온종일 산울림으로
흔들어 대는 바람의 언덕에서
봄비 맞은 버들가지 아래
여린 손가락 무심히 깍지를 끼고
후익후익 휘파람 불며 가리.

시월, 잊혀진 오후

모나지 않고 두툼한 산안개
쭈글쭈글한 신갈나무 잎처럼
편협한 의식의 내면이
자작자작 양탄자로 불타는 시월에
치솟는 분노마저 산 아래에 내려놓고

지리산 하늘가 촛대봉 가까이
단숨에 다다르고 싶은 가을에
세월의 단풍 들어 축축한 눈
내 가슴 속의 구겨진 번뇌를
낡은 배낭에 넣어 산에 오른다

비구름이 드문드문 쉬어가는
세석평전과 제석봉 사이
무시로 내려앉은 공존의 고사목
까맣게 멍든 이쑤시개로
밤새 양치를 한다

여명처럼 개운하게 다가오는
화엄華嚴의 반달곰 포효 소리
그저 말없이 따를 수만 있다면

산만하지 않은 저 기상
넉넉한 풍채를 흠모하다가
알록달록 함께 물들어 가리.

꽃비 내리거든

연초록 버들가지
호숫가에 한들한들
청명절 봄비가 하염없이
눈물로 방울방울 녹아내린다

임이 떠나기 전 봄비 그치고
별천지 화개천 꽃비 내리면
알록달록 솜사탕 같은 사랑일랑
여울목 황어 떼에게 맡겨 두고

어차피 떠나야 할 내 사랑
연분홍 진달래꽃 십 리 길
반나절의 해후를 뒤꿈치에 두고
봄날을 부여잡아 산야를 물들게 한다.

안목

동공을 넓혀 눈을 떴다고
사리 분별 바르다 생각 마라

양쪽 눈 동그랗게 뜨고 있다고
볼 것 다 보았다 말하지 마라

제대로 된 본질은
눈 감고 있어야 할 순간
깊고 푸른 바닷물 속
심연의 고요 속에 있으니

흔들리는 물결과 거품을 두고
안목이 있다거니 없다거니
무료히 일컫는다

눈 가리고 아옹하는 세태에
그저 멍울이 맺히는 영혼
눈만 뜨면 믿었던 두 눈마저
점차 어두어져 가는 당신.

수선화 봄꽃

호숫가 언저리 노란꽃 옷매무새
작은 입술 둥글게 오무리어 벌려
노랑나비 들러리로 첫사랑 뒤영벌
발꿈치 세우며 눈 빠지게 기다린다

야무진 작은 거인 떼떼아떼떼
오늘도 사무친 그리움에 지치고
푸릇푸릇 맵고 아린 고독을
나지막한 처마 밑에 잔물결로 앞세워

신비로운 자존심마저 손끝에 모아
시린 정적을 뚫고 울려 퍼진 저 기상
햇빛 사이 노란 병아리들 아장아장
언덕진 안갯길 소풍을 간다.

대장간 랩소디

바글바글 푸른 빛
한여름 적도의 땅

발 디디면 열 배쯤 뜨거워도 참고
불판 심연의 심지를 가득 키워도
다시 뜨거워지는 가슴 애써 참으며

임계점 너머의 폐활량
확장하는 인대 뽐내더니

붉고 둥근 태양의 이곳저곳 모퉁이
크라운 형상의 인동초꽃을 피운다.

먹감나무

비탈진 산모롱이 궁벽한 골짜기
은둔이 뙤약볕과 함께한 시절
회갈색 직박구리 가냘픈 눈빛으로
가슴 속 차오르는 욕망 애간장을 태운다

우아한 별빛 그대 곁 지나칠 적마다
팽팽한 얼굴 수줍어 붉히다가
바람이 전하는 빈곤의 짓시늉에
여린 살점 잃어 눈물 흘린다

한여름 뇌성벽력에 움찔움찔
된서리 맞아 삼 년, 잠 못 이루고
촉촉했던 젊은 얼굴은 멍들어
한쪽 볼때기 까맣게 단장한다

먹감 낙인된 가슴 속의 울혈
널찍한 폐부는 이미 곰삭아
해묵은 침묵도 남루한 고통도
밤새 하얗게 털어 낸다.

사냥

밤 사이에 찬 이슬이 내리고
나무와 나무 사이
풀거미가 어수선하게 거미줄을 쳤다
범나비 집시나방이 걸려들고
고공비행하던 잠자리도 걸려들어 발버둥쳤다
연민이 가득한 나는
애석한 마음마저 들어
폴짝거리는 빨간 고추잠자리만
간신히 구출해서 허공에 날려 보냈다
교활하고 날쌘 거미는
포식자도 아닌 나를
편견일 것이라는 듯이
무심히 쏘아보며 분노한다
밤새 악몽에 시달렸던 나는
거미를 가증스럽게 여겨
피식 웃었다.

커피를 마시며

호숫가 백조의 유영游泳
집중과 가느다란 몰입이 필요한 시간
고독과 사색의 순간이 필요하거든
우아하게 한 잔 카페라떼라도 훔쳐라

사랑하는 이를 잠시라도 못 잊어
고상한 세계에 대한 동경이 치밀거든
카푸치노 한 잔의 축복에 맡겨라

데미타세 하얀 잔에 애석하게 떨군
에스프레소는 차라리 황금색 눈물
원샷의 슬러핑*은 에티오피아 고산지대
화산지형 호수에서 피어나는
뭉게구름을 마시는 것 같다.

알싸하고 달콤한 커피 향이
서재에 놓인 피아노 건반을 두드릴 때마다
햇빛 가득한 그대 입천장을
스멀스멀 자극할지니

커피와의 동거를 선언하는 날

나는 온화한 봄바람과 태양이 숨쉬는
언덕으로 다가간다

야외 테라스 빛 바랜 파라솔 아래
바람과 태양을 비벼가며 마시는
커피는 웃음이요 솜사탕이다
최상의 욕구를 더하는 쾌락이 된다.

＊슬러핑: 강한 흡입(slurping 스흡, 흐루룩 소리)을 통해 커피맛을 시음
함. 소량의 커피가 혓바닥에 닿아 단맛 신맛 쓴맛 등을 관능적으
로 평가하는 일

바다를 보며

청간정 하조대 연모하던 동해바다는
기질이 사나운 코브라였지
순박한 새들을 지천으로 몰고 와
대지를 향한 야성적 춤사위로
사악한 모래 언덕을 향해
어제처럼 넘실넘실 파도를 탄다

고개 들면 연거푸 펼쳐지는 순례길
등껍질 속살 푸른 내 삶의 질곡이
등 굽은 낙타처럼 사무치게 구르다가
뜨겁고 붉은 사유가 넉넉히 익을 무렵
파도는 반듯한 수평선 잔물결을 앞세워
갯바위 마루에 사뿐사뿐 뛰어오른다.

붕어섬

옥정호 은빛 나라
살얼음이 덮이던 날
겨울 철새 한 무리 희희낙락
철없이 붕어섬에 놀러 와

넓적부리청둥오리
시린 입술 얼음을 깨고
참붕어처럼 뻐끔뻐끔
어설피 흉내를 낸다

호반에 잠긴 소나무 자매
나래산 그리워 야윈 어깨 내밀고
연약한 솔 향기 물그림자 따라
푸드득 날갯짓한다.

파도

격포항 앞바다에 시나위 한마당
넘실대는 악사의 무리 우루루
칠산바다 검푸른 속살이 하얗게 부서져
신명나는 고래춤이 몰려온다

빨간 등대 너머로 제 고향 적벽 채석강을
애가 타게 그리워하다가도
파도는 갯바위에 머리를 부딪치고
매운 해풍 앞세운 해당화 가시에 찔려

그래도 고개 들어 연거푸 모래톱에
끈질긴 삶의 질곡도 설컹설컹 그렇게 굴러
붉고 설익은 사유思惟 없이 억겁으로 이겨 내야
반듯한 수평선에 다시 이른다

어슴푸레 먼바다 동틀 무렵
멀리 일 나간 안강망 어선들이 하나둘
하얀 눈동자 되어 귀항할 채비를 하고
저만큼 문명이 앞서 가는 새벽 경매장에
생명이 꿈틀대는 파도 소리 요란하다.

겨울나무 잉어빵

흰 눈발 흩날리는 먹자골목 입구
구겨진 포장마차 황금 부스 앞
수은등 희미한 램프가 깜박거린다

은빛 찜통에 따끈한 어묵 국물
기다란 대나무 꼬쟁이에 터덕터덕
하얀 김이 모락모락 피어오르고

노릇노릇 잘 구워진 잉어빵 팔 남매
입을 야무지게 다물고 있는 잉어들도
동그란 두 눈을 우루루 껌뻑인다

낮 장사 끝내려던 해거름에
어깨가 시린 황금마차 주인장은
주변 상가 고단하게 눈치를 보며
마차 뒷문짝 서둘러 닫으니

또 하나의 자아실현인가
희망의 방패연을 띄우기 위해
해맑은 웃음소리 되찾기 위해
이제는 투잡을 해야 할 시간이다.

제3부

고요 속에서 달은 기울고

철부지

김장철의 생강이나 고추 마늘
으깨어 갈던 확독이 터질까 봐
어머니 손때 묻은 바가지로
밤 사이 고인 물을 애써 퍼냈는데

매서운 추위와 함박눈 대신
겨울비가 지척지척 내린다
돌확에 가득 고인 빗물이
궁상맞은 장대비로 넘실넘실

개미는 겨자씨 같은 고개 돌려
개미굴 문전에서 나올 듯 말 듯
풀숲에 잠자던 무당거미가
때를 모르고 풀떡풀떡 뛰어다닌다

한겨울의 대설과 동지 사이
철모르고 핀 철쭉 꽃잎의 유혹
뒷다리 곱게 뻗어 꽃가루 찾는
꿀벌 한 마리 어설피 채밀을 한다.

종달새를 다시 보며

한껏 부풀어 오른 청보릿대 잎새 하나
입에 물고 향긋한 봄기운 품으면
우쭐대는 종달새는 높은 기상으로
산들거리는 봄바람을 가른다

가지런히 떠오른 아침 햇살 보며
숲 속 정령 부여잡아 재주도 부려 보고
흥겨운 비상 시간 계량計量 없이 몰두하다
종달새 지친 영혼 산언덕에 내려온다

연약해진 날갯죽지 추슬러 흔들다가
마음의 병통만 깊어가는 오후
무심히 쌓여 가는 고요 속에서
벅찬 비상 다시 한 번 꿈을 꾼다.

불면의 밤

어머, 어쩌면 좋아
저 풀벌레 소리 원앙금 숲 속에서
애타게 임을 부르건만

고요 속에서 달은 기울고
계곡의 폭포 소리 가까이
산안개 뽀얗게 부서지건만

침묵의 시간이 흘러 흘러
저 달이 하얗게 야위어 가기 전에
서둘러 임을 만나야 하는데

온화한 감각 없는 시냇물처럼
그냥 말없이 재잘거리며
노래나 한 소절 하고 싶은가 보다.

거미줄 연가

새벽 산책길에 밀려오는
무례한 물결 거듭 손사랫짓하며
무거운 눈꺼풀 너머로 너를 쏘아본다
결백한 성자를 이토록 포박하는 게 맞냐고
힘없이 조여드는 나의 흉부
언저리에 야릇한 자극이 다가온다

검은 손톱의 찰흙 같은 마력으로
떡살 주무르는 엉덩이의 현란한 몸짓
나름 존재감 발산하며 건네 주는
빛 고운 실크 끝단의 아픈 실밥들
천생天生, 너는 너대로 나는 나대로
밤새도록 협업하며 가늘게 뽑아 낸 인드라망

함께 빚어 내는 인고의 순간마다
차곡차곡 정분의 구슬이 쌓이면서
끈적한 연두부 치즈 같은 바람이
허파꽈리 빈틈으로 촘촘히 불어온다

세월 넘나든 너와 나의 민망한 화해
정형화된 교만의 굴레를 벗으니

의롭게 하나가 되는 오솔길 따라
지저귀는 산새들 울음소리에
철든 아기 부처 단잠을 깬다.

견인 치료

무탈히 굴러가던 황금빛 머스탱
뒷바퀴 바람이 빠지면서 어지러이
점차 평형을 잃어가는 운동장의 한켠
망칠(望七)의 종아리에 픽픽 알이 박힌다

번개 한번 크게 깨문 먹구름 몰려와
두텁던 생기가 시나브로 사라지는 아침
허벅지 내전근 인코스에 올라탄
은빛 스케이트 칼날의 전력 질주 소리

쉼없이 걸어온 발자취 돌이켜보니
대추나무 잎처럼 푸르던 지난 봄날은
썰물참 부산한 개펄의 칠게처럼
두 발 바삐 움직이던 날이 많았지

은빛 억새밭 출렁이는 산언덕에
유통기한 들추어도 어림없겠지만
머스탱 애마 펑크 지렁이로 때우듯
제때제때 임시방편 고쳐서 쓴다

내 영혼 비로소 얽매임 없는 하루

파동이 있는 바다의 반듯한 수평선처럼
선 채로 눈 뜨고 잠드는 나무가 되어
기울어진 심신 토닥토닥 달래본다.

비둘기낭 주상절리

한탄강 멍우릿길 짙푸른 하늘다리
마당교 잿빛 비둘기는 알고 있겠지
둥근 은주머니 밤새도록 출렁이는
하식동굴의 애달픈 사연을

쉼없이 떨어지는 종자산 물줄기는
수천 년 이어온 간난고초 세월의 마디
촌음 같은 궁예의 짧은 권좌
인욕의 한스러운 헛웃음 소리인가

한탄강 검은 절벽 각진 기둥 돌 틈새
검푸른 횡경막 새어 나온 벼룻길에
전설 속의 비둘기낭 폭포 소리
거지중천에 방울방울 울려 퍼진다.

상사화

춘삼월 이른 봄에 조급한 마음
쪽빛 짙푸른 잎들만 속절없이
멀대처럼 홀로 와서 무성했는데

짧은 보살핌으로 몇 나절인가
냉담한 무관심에 유독 우매한 내가
제대로 보지도 듣지도 못했음이라

한여름엔 기필코 그대를 만나리라
불철주야 분홍입술 이를 악물고
쉼없이 달려왔을 뿐인데

그리워도 내 임이 그리워도
상사병 벗어나려 버텨 온 세월
어느 날 갑자기 연초록 꽃대 올라와

꽃봉오리 통째로 터지는 소리에
몽글몽글 스쳐가는 빛 고운 살갗
바야흐로 먼동이 희붐히 밝아 온다.

아직도 내겐 사랑이

모두가 미련 없이 떠나갔건만
한여름 무디위에 홀연히 올라온
자목련의 연보랏빛 고운 자태

쨍쨍히 내리쬐는 땡볕 속에서도
논배미 물꼬 터진 출출한 장마처럼
목련은 내면의 끈적한 꽃술을 떨어낸다

짙푸른 이파리에 고운 볕뉘도 잠시
아쉬웠던 삶을 다시 얻을 수 있다면

참나리의 요염한 깔때기 부리 앞에
유체이탈한 검은 나비 영혼으로

못 잊을 그대 이름 한없이 부르며
이승의 못다 이룬 사랑을 고백하리라.

유월의 계곡길

밤나무꽃 농밀한 향기 드리워져
산안개 솜이불 품 파고들 때
뻐꾹새는 쌉쌀한 향기에 취해
울음소리 구슬프다

모악산 자락 금선암 계곡길
편백숲에 굽이치는 물 소리도
갈 곳 멀어 더욱 애처롭다

국경일 이른 아침 조기를 게양하며
선열의 어질고 곧은 정신 생각하니
한결 경건해지는 나의 심사
흐르는 계곡물 따라 쉬엄쉬엄 걷는다

이나저나 한 시절 지나가니
발름발름하던 때죽나무 하얀 꽃잎도
무심하게 앞서거니 뒤서거니
정처 없이 다투어 중인천을 달린다.

오늘의 상처 너머

흔들리는 목선은 어제처럼
오늘도 찢겨진 돛이 올려지는데
한결같이 비옥한 땅이,
그토록 신뢰해 왔던 대지가
높새바람과 입맞추며 뒤뚱거린다

옆으로 요동치는 부둣가 항구
들고 나는 연락선 갑판의 안과 밖
출렁이는 파도에 이안류離岸流가 달라붙는다

파도와 바닷물은 본래 하나라고 하는데
거품 속에서 물을 떠올리는 거룩함은
수파불이水波不二, 그 경계의 푸른 빛깔

문득 어려운 선문답을 떠올리다가
튀르키예 지진 피해의 처참한 현장을 본다
꿈결의 어제 같은 오늘 속에
떨리는 입을 크게 벌리고 하늘을 보노라면
지금도 진척 없이 진행되는 답답한 세상

삶의 문제와 죽음의 세계를

동시대에 이질적인 시선으로 보는 상처 앞에
두 눈이 시퍼렇게 부어오르는 망망대해의 아침
먹구름 뚫고 곧장 내리치는 번갯불이 보인다.

적도의 땅 싱가포르

하루하루 딱히 내세울 만한
산과 들이 없던 시절
굴욕의 강물이 한바탕
적도의 땅 원시림에 넘쳐 흘러간 뒤
홀로 꿋꿋하게 일어선 싱가포르

머라이언, 비상飛翔의 간절함이 만들어 낸
크라우드 포레스트와 가든스 바이 더 베이
바오밥 나무가 사이좋게 도약하며
지중해 올리브 나무도 서둘러
적도의 섬나라 선한 친구 찾아왔네

공작이 하늘을 훨훨 나는 초록 정원
높이서 떨어지는 폭포수에
개운한 운무가 피어 올라
황금 잉어들마저도 덩실덩실 춤을 추고

마리나 베이 샌즈 하늘가 수영장
어설픈 인공의 사물이 하나둘
조화롭게 자연의 재능을 따르고
저 멀리 대양마저 시샘하며 몰려드는

공화국의 센토사 싱가포르강

곰실곰실 루지는 피사의 사탑마냥
삐딱하게 기울어진 신비의 균형으로
제 나름의 올바른 질서와 안정 찾아
저절로 재화의 교류를 불러 모은다.

꿈 이야기

내 의식 안의 잘 익은 소망 하나가
불그레한 새벽하늘 머리 위로
둥실둥실 반딧불이처럼 떠오른다

허벙저벙 휘청이는 난기류 비행
처연한 날갯짓으로 새털구름에 이르니
새록새록 고요한 적막감이 감돈다

숨죽여 무념의 벽 넘어서자
텅 빈 손 텅 빈 가슴으로
발길 돌려 돌아오는 하늘길

신비로운 무지개다리 건너서
새 소리 풀벌레 소리에
문득 새콤달콤한 잠을 깬다.

오월의 노래

버드나무 연못가에
노란 창포꽃이 피었네
하늘하늘
바람이 부는 대로

보랏빛 각시붓꽃은
뾰족뾰족
여린 붓끝이
아직은 글쎄

노란 창포 따라
자주달개비 따라서
나도 방긋방긋 웃고 싶은데
분수대가 물세례로 망신을 주네

트라우마
자꾸만 거듭되면
이러다가 살짝살짝 삐지어
꽃망울을 못 피울 수도 있겠네.

춘하추동 春夏秋冬
   - 푸른 희망으로 가는 길

건양다경 새봄맞이 입춘방
버들잎에 푸른 희망 고이 접어
말없이 건네 주던 서낭당 고개
돌무더기 쌓아 둔 장승의 소망이었지

한양 천리 길 제대로 꿈을 꾸지 못한 채
무성한 올리브색 옻나무잎을
춘하추동 궁벽한 덕산계곡 내린천에
곱게 곱게 흘려 보낸 무심한 세월

폭포수로 쏟아지던 은빛 무지개
여름날 아랫용소 멱감던 물총새는
날개에 묻은 물방울이 마르기도 전에
커피 색깔 얼룩 버짐 털어내는 꿈을 꾸었지

물총새 입안 가득했던 아로마 향기
한여름 계곡물 흐르는 심포니에 취해
목덜미에 옷 타는 줄도 모르고
붉나무 붉게 물드는 가을 햇살 기다렸건만
그리던 얼굴은 오지 않았지

부침浮沈이나 청담晴曇 가득했던 삶의 뒤안길
자애로운 그대 손길 감득할 수 있다면
겨우내 움츠린 몸, 엉클어진 마음 밭을 갈아엎고
설렘이 다시 움트는 날 기다려 봐요.

윈더미어 언덕에서

윈더미어 브레리 우드 컨트리*
어린 양 떼 코골이에 단잠을 깨어
초원이 빚어내는 몽롱한 환상을 본다

산골 마을 비탈진 언덕 너머로
성당 종탑의 은은한 종 소리를 따라
겅중겅중 힘겹게 오르던 토끼는
청설모의 날쌘 몸놀림이 부러웠다

일렁이는 물결 좇아 선잠을 벗어나면
허전한 심사 달래주는 만병초의 붉은 웃음소리
산토끼 눈망울에 비친 세일링 요트는
신명나는 샹그릴라 별밤을 달린다

애석한 좌절의 물웅덩이를 벗어난 밤
은마차에 살포시 올라탄 그대와 함께
산안개 자욱한 마로니에 호숫가를
키득키득 웃으며 마냥 달리고 싶다.

*잉글랜드 레이크 국립공원 윈더미어 159번가

사랑하는 사람아
  – 은강(恩堈)이를 바라보며

동녘 하늘 어둑새벽
불그레한 여명 너머로
찬연한 아침 햇살 움트던 날
해님과 달님이 몰래몰래 속삭여
넓고 크게 이룬 사랑의 꽃

보기만 해도 배가 부른 사람아
문득 온 천하를 다 얻었다 해도
또다시 이만한 기적이 어디 있을까

네 얼굴 모습 가까이서 새근새근
윤택한 콧망울 숨소리가 포개져도
찰랑찰랑 넘치도록 귀엽고 존귀하고
든든한 태양이여

어여쁜 어멈 닮아 사랑스럽고 총명한
네 아비 닮아 용감하고 지혜로운
나의 사랑, 우리의 희망이여.

무지개를 다시 보며

부단히 움직이는 수레바퀴
길 위에서 질주할 때가 아름답다
미련한 나그네 호모 비아토르*는
이국 땅 그래스미어(grasmere)에서
꿈을 꾸며 달린다

코발트색 하늘에 한눈팔던 나그네
라이달 마운트 산허리 지나서
호숫가의 노란 유채꽃 언덕
푸른 초원 양 떼들의 안내를 받아
횅댕그렁한 햇발이 드리워진
남매의 벤취를 만난다

워즈워스와 도로시의 집(dove cottage)
이끼 낀 돌담에서
신비로운 홍예문을 다시 바라본다
희망의 무지개는 어쩌면 허니 컬러이다
심중에 일렁이며 종일초록 설레던 무지개는
쉰, 예순에도 이어져야 한다

그들의 지순한 발자취 따라가며

햇볕 속에 검게 그을린 황금빛 수선화
나의 속되고 번잡한 일상으로
티끌 가득한 내면을 일깨워본다.

*프랑스의 철학자이자 극작가인 가브리엘 마르셀(1889~1973)이 인간을
  정의한 말

제4부

차마 그립다 말을 못하고

왕버들 큰 그늘 아래

원평천 젖줄을 야무지게 움켜쥔
오백 년 노거수 왕버드나무
정처 없이 떠도는 구름을 쥐락펴락
큰 덕을 베풀고 살아온 세월

봉황이 남쪽으로 아득히 날아와
봉남면 성덕마을이라 했는가
모진 칼바람 몰아내어 태평을 부르는
당산 너머의 천지신명 어르신

윤택한 종덕리 광활한 들녘에
뭇 생명체가 깨어나는 봄이 되면
개구리알 동티나지 않게 다독이는
이 땅의 현자賢者다운 철학자

초가집 내력으로 이어 온 대청마루에
퇴락한 부벽서가 희끗희끗 나부끼니
관수세심觀水洗心이요 안분와安分窩이라
왕버들 큰 그늘에 음덕으로 살아간다.

*물을 바라보며 번잡한 마음을 닦고, 편안히 분수를 알고 살아가는 오두막

내 사랑 강릉 앞바다

이팝나무 눈꽃이 필 때면
난류가 북상하는 동해 바닷가에
한 무리의 콘도르가 하늘을 난다

푸르른 희망을 머리에 이고
태평양 만리장천 날아온 안데스의 메신저
송정해변에서 연곡리 바닷가에서
혹등고래 등짝에 올라 하얀 파도를 탄다

등이 시린 경포호의 초승달 기울고
백두대간 넘던 양간지풍 허둥대던 날
불쏘시개 송진마저 끈적끈적
하얀 고무신 안창으로 파고드는데

밉살스레 보였던 검붉은 밤은 가고
서러운 바닷물 마시며 허기진 그대
험난한 파도와 변덕스런 바람에도
흙 묻은 자존감 비워 가며 밀당하는 사이

지느러미 시퍼렇게 흔들던 고래는
대양大洋의 양쪽 날개를 붙잡고 한바탕 질주를 한다

잠시라도 신비로운 바다로 나가
나의 차오르는 욕망을 달랠 수 있다면
두 팔 벌려 그대를 마중하고 싶다

소금기에 절인 어금니 하얗게 드러내며
어둡고 허전한 심사 비울 수 있다면
시린 손과 거칠어진 팔뚝을 내어주고
콘도르 두 날개로 다시 날고 싶다.

추억 속으로

언덕마루 흔들리는 억새처럼
된바람에 하루에도 몇 번씩
시름시름 꽃몸살을 앓다 보면
영혼에 바람 드는 소리가 울린다

남새밭 겨울 무 구덩이에 바람 들더니
화산재 돌담 구멍이 송송
호모 사피엔스 무릎뼈에도 골다공으로
하루하루 늘어만 가는 근심

겨울바람에 앞서거니 뒤서거니
애가 타게 검버섯 기다리다가
개울가 하얀 솜이불 털며
뾰조록이 고개 들고 나온 얼음새꽃도
얼룩진 정강이에 바람이 든다

그렇게 청춘 같은 한나절
태양과 함께 그리운 정담 나누며
초가집 툇마루에 걸터앉은 영춘화는
샛노랗고 화사한 영혼의 물결

뭉게구름 같던 소중한 순간들
허덕허덕 추억의 등덜미를 붙잡고
그대처럼 맑은 햇살 마시고 싶다.

봄이 오는 언덕

서러운 세월이 가면
다시 돌아오마던 사월
그대 설렘의 눈빛 다시 푸르고
새봄이면 사르르 떨리는 입술

사방신 시샘하던 당산나무는
울퉁불퉁 굵은 줄기로
새잎 새싹을 토해 내는
늙은 철학자의 비명

차마 그립다 말을 못하고
뛰는 심장 대신 짓시늉으로만
들녘 여울져 흐르는 강물에
사랑을 고백하리

방앗간 지붕 위에서 까르르
참새들의 널찍한 가슴팍에
자애로운 마음을 심어 놓은 당신
푸른 하늘 언저리 생긋 웃음을 띄운다.

첫사랑 청매화

눈 녹은 개울물에 여윈 손을 씻고
겨우내 정갈하게 손톱 소제한 소녀
대청마루 반들반들 닦아 놓았네

새봄의 손님맞이 나설까 말까
손때 묻은 사립문 바스스 열까 말까
사랑방에 다담상 차릴까 말까

임을 향한 꽃봉오리 잠꼬대처럼
탱글탱글 윤기 흐르는 머릿결에
꼭 다문 꽃잎을 하나하나 펼치어

장지문 앞에서 봄 속곳 보여 달라고
차근대고 또다시 제 자리 서성이는
성정 급해 애타는 꿀벌에게 물어봐

그래. 우린 사랑까지 마저 할 수 있을까
풋사랑의 수인사로 한 번만 안아 줘
앞뜰 봉긋한 청매화는 사려 깊게 망설인다.

질투

백야의 신비로운 푸른 빛
눈밭에 철없이 뛰놀던 백여우가
짓시늉 재롱으로 꼬리 흔들고
은하수 너머로 연일 사라지네요

그대 생글생글 환하게 웃는 모습
보일 듯 보이지 않아 애가 타지만
가식이나 위선 없는 해맑은 얼굴
오늘은 툇마루에서 마주보고 싶어요

모두가 불 끄고 잠이 드는 그믐날 밤
내 맘 같지 않아 부끄럼 많이 타는 그대
문 두드리지도 말고 헛기침 말고
꼭 한번 윙크하며 날 보러 오세요.

겨울산

한랭전선 기압골
무시로 다녀간 뒤
가슴팍 시려도 개운한 일상사
등이 푸른 궁노루
동안거로 칩거하는 동안
성글어진 속눈썹은
풍윤한 비움으로 채운다

깡마른 고래 등허리
헤싱헤싱한 경각산鯨角山
얼레빗 탈모로
숙려단행熟慮斷行하는 산언덕에
허기진 자작나무 숲길은
하얀 터럭마저 내던지고
올곧은 선비의 기상을 내뿜는다.

청맹과니

그리마의 쾌속 질주는 광속이다
타일의 줄눈을 따라 달리는 건각健脚
겁 없는 지네의 발보다도 재빠르다

헤드랜턴 섬광에 화들짝
겁 많은 그리마는 갈 길 멈추고 숨을 고른다
나름 결백한 행보를 탓할 수야 없지
앞뒤 분별이 부진하니 청맹과니인가?

어쩌면 어둠 속 적산가옥의 행태
그가 살아온 교활함을 청산하려는가?
불빛 따위 겁내지 않는
왕지네의 용기가 부러울 때가 있다

볼때기 뜨거워도 날개 없는 서러움
그래도 천장 기어오르는 재주
외물로 평가받는 게 싫다
지루한 장마전선이 보낸 삶인데
설마 성스러운 현자를 덮치기야 하겠는가?

이럴 때는 검정 고무신 안창

매콤한 궐련 냄새가 그립다
줄행랑도 명분이 있어야 한다
비겁함의 낙인은 벗어야만 한다
지루하게 그늘 같은 근심이 오간다

정중동靜中動 결단의 순간이다
이재를 따라 눈치를 흘끔거리는 행위는
이미 만용이 축적된 혜안이다
더듬이 촉수가 좌우로 번뜩인다.

행촌리 노거수老巨樹 느티나무

낙조에 곱게 물든 서해 바다
철석 처얼석
파도 소리 그리워도 묵묵부답
침묵으로 살아온 세월

풍성한 금만평야 노란 지평선을
암팡지게 붙잡고 늘어진 힘줄
황금 들녘 태평가에
붉은 이마 주름살 편다

아버지의 아버지
어머니의 어머니
수백 년 모진 삭풍에
찔꺽찔꺽 닳아버린 발가락으로

어제처럼 오늘도
꾸부정히 뒷짐 지시고
헛기침으로 쩌렁쩌렁
질척이는 논길 걸어오시네.

무지개

천상의 선량한 요정들의 유혹
무지개 빛깔
지긋한 옷매무새로
사분사분
살아갈 수 있으면……

그저 육신의 영혼을 일깨우는
일곱 빛의 색상지
하나씩 빼내어
두 눈썹 위에 걸치고
산새들이 가슴 설레며
건너는 다리

상큼한 폭포수 아래
청량한 치유의 숲에서
그대와 나 사이
피치 못할 아픈 상처
보듬어주고
한바탕 춤을 추면 좋겠네.

허수아비 · Ⅱ

핫바지 안주머니 마른 호두알 굴리며
젊음의 결기마저 맥없이 놓아버린 조르바
땀 밴 누더기옷 기쁨의 시나위로
초극의 자유로운 별빛 모아
짙고 푸른 허공에 흩뿌린다

타작 앞둔 다랭이 무논 벼포기에
우렁쉥이 빈 집 두고 저잣거리 떠난 뒤
그림자 고이 돌보던 정성과 연민으로
봄여름 주야장천 비바람 맞으며
대가 없이 불침번으로 보낸 세월

허수아비 발그름한 구릿빛 얼굴로
누런 논배미에 차곡차곡 쌓아 둔
동그란 실비단 산더미 같은 연공年功
들녘마다 사일리지 하나둘 헤아리니
저녁 노을빛이 감실감실 물들어 간다.

편지

문득문득 겨울 안부를 묻는다
산등성이로 가는 발자국의 고향
솔방울 중력 방향에도 흠칫 놀라던 아이
덤불숲 어디메 있는지 궁금하다

폭설주의보 내린 소한 무렵
독배천 너머 밭이랑 옥수수밭
촉촉한 탱자눈 번쩍이며 두리번거리던
그 녀석 카랑카랑한 목소리가 그립다.

호반湖畔에서

새끼 노루가 살포시
꿈을 꾸던 새벽녘
은빛 억새밭의 적막감은
호반 위의 물 먹은 별을 부른다

세간世間 흰뺨검둥오리 떼
붕새의 날갯짓을 흉내내다 지쳐
구성산 아래 허기지어 내려오더니
저수지에 잠긴 살진 별을 탐낸다

짧은 날갯짓에 푸른 하늘 언저리
무릎 종지뼈 시린 활강이었나
자맥질로 달래보는 개밥바라기
애써 야금야금 건져보지만

반나절의 부질없는 물갈퀴질
번뇌는 조각구름을 부르니
광대한 억새를 덥석 움켜쥐고
수행자의 하루는 고단한 안식이다.

까치밥

날마다 은하계의 초록별 흠모하며
밤마다 풋풋한 꿈을 키워온 직박구리 한 마리
그리 허투루 정을 주지 않는
초록별의 얄미운 곁눈질에 지쳐서
고목 진 감나무 가지에 날아든다

훠이 훠이 훠어이
손사래로 평생토록 키워온 나의 꿈나무
애증愛憎으로 오목가슴 까맣게 타들어 가기 전에
자애로움 스며드는 초승달 눈으로
구릿빛 고운 살점 한 움큼을 내준다.

무죄

뒷동산 인적 없는 깊은 산중
피부가 까끌까끌한 알밤나무 밤송이는
밤낮으로 노심초사 진력盡力 하고도
기껏해야 매 맞는 것이 운명이다

종택 중시조 묘 언저리에서
광란의 멧돼지 주둥이질 닿지 않도록
고슴도치보다 억센 가시로 시묘하며
뚝심으로 된바람에 맞서 묵묵히 살아왔건만

무더위 지나 추석 가까울 무렵
오랜만에 찾아온 산지기는
대나무 장대로 연거푸 내리치며
살점 시퍼렇게 생채기를 낸다

홀맺힌 억울함에 눈물 닦은 알밤나무는
사실 인적 드문 계곡 진흙 목욕탕에서
금실 좋은 멧돼지 부부가 깜부기 터럭 곤두세우고
정겹게 멱감는 것 훔쳐본 죄밖에.

보라보라 퍼플섬

기동 마을 감색 귀밑머리 열아홉 순정
바닷물로 허기 채운 하얀 고무신

차마 발길이 떨어지지 않을 청춘이
천사의 다리 밑동에서 시름없이 서성인다

저 멀리 수평선 밖으로 떠나지 말고
새벽녘의 바다여 소금꽃이 되어라

발가락 사이 새록새록 꿈틀거리는
거품의 군살이 더는 움트지 않게
해맑은 웃음으로 속살을 보여다오

둥근달이 떠오르는 연도교 너머
너른 개펄 모시조개 살 오른 관자 근육
역동적인 물갈기가 넘실거리고

신비로운 언어 담은 이야기들이
영롱한 웃음꽃을 피워가는 보라섬
갈매기들 끼룩끼룩 사랑이 싹튼다.

자귀나무 꽃그늘 아래

엉겅퀴꽃 하늘하늘 고고한 춤사위
하늬바람에 간지럼 타며 스러지던 오후
휘파람새 노래하는 물안개길 따라
나는 걷고 있었지

들꽃들의 환희가 개울가에 가득하고
미나리아제비 다 피고 지도록
그대 움트는 소리 들리지 않아

시름시름 생기 잃은 나무처럼
복잡한 심사로 뒤척이던 밤
정적을 깨는 부엉이 우는 소리에
문득 맨발로 달마중을 나갔지

별들이 종적을 감추며 해가 뜨기 전
호숫가 물안개 신비로이 걷히더니
멍석 깔린 초례청의 여주인공처럼
양쪽 볼 빨개지는 6월의 새색시인가
볼우물에 수줍음이 가득했었지

하지 무렵 뙤약볕에 두 팔 벌린 자귀나무는

나풀거리며 찾아든 호랑나비 한 쌍을
보드라운 입김으로 호호 호호
어느새 새근새근 잠들게 했지.

◆ 해설

자연 친화와 생명 존중, 그 순수에의 도정
― 김봉렬의 시 세계 ―

유인실
(시인, 문학평론가)

1. 자연과의 공존을 꿈꾸는 시적 사유

　김봉렬 시인의 첫 시집 ≪설렘의 눈빛 다시 푸르고≫는 "독으로 가득해진 일상의 언어를 멈추고/…/인간과 자연의 공통적인 향기를 함께 이야기하고 싶었다."라는 '시인의 말'에서처럼, 그동안 현실의 삶에서 밀어내지 못한 "그을음"을 지워가며 자연과의 공존을 꿈꾸고 있는 서정의 세계로 다가온다. 시인은 자신을 규정해온 현실의 견고한 삶을 되돌아보며, 그동안 배제되고 누락되었던, 순수했던 기억들을 호명함으로써 자신에게 온전한 집중을 꾀하고자 한다. 이때 펼쳐지는 시인의 시적 사유는 자연을 대상으로 하여 지난날의 경험을 확장하기도 하고 다시 자신에게 회귀하기도 하는 기억의 다양한 변주 방식을 통해 전개된다.
　모든 존재와 사물은 그에 스민 시간과 힘의 축적에 의해 고유성과 차이가 결정된다. 그들이 잠재적으로 얼마나 많은 시간과 다양한 힘을 내포하고 있느냐에 따라 존재의 정체성이 결정되는 것이다. 그런 맥락에서, 모든 존재는 탄성을 가지고 있어 자기 안에 겹겹이 다른 부분들을 담고 있으며, 그 세계는 무한한 누층 구조로 되어 있다고 할 수 있다. 서정시는 이러한 존재와 사물에 내포된 구조를 통해 흔적과 무늬를 읽어내고. 그에 스민 기억을 재구성하는 양식적 특성을 견지한다는 점에서, 김봉렬 시인의 시는 서정시 문법을 충실하게 구축하고 있다고 볼 수 있다. 시인의 그러한 시적 지형은 다시 서정이 필요한 오늘날, 우리의 삶에 새로운 활력과 탄력을 부여하는 일이기도 하다. 다시 말하면 그러한 시 세계는 갈수록 서정이 메말라 가는 우리의 일상적 삶에 유의미한 정서적 충격을 가함으로써 새로운 삶의 질서를 만들어내는 지혜나 깨달음의 경지를 모색하게 한다.

농촌 지역에서 태어난 김봉렬 시인은 자연 속의 농촌공동체에서 서정적 주체의 내면을 형성해 오다가 도시민으로 정착한 세대이다. 즉 자연 속에서의 유년 경험과 이후의 보편적 삶의 공간이 된 도시의 삶의 경계에 서 있는 시인이라 할 수 있다. 그러나 그의 시는 그가 도시의 보편화 된 삶의 공간에 놓여 있음에도 불구하고 존재와 사물을 서정적 정념의 근원으로 인식하고 있다. 즉 존재와 사물의 내면에 내포된 의미를 충실히 반영하여 그만의 시 세계를 구축해 놓는다. 그 과정에서, 자연스럽게 '자연'에서 '도시'로, 혹은 '도시'에서 '자연'으로 이행되는 전개 양상을 보인다. 그러한 시의 원리는 자연과 도시의 표상이 혼재된 경계 속에서 자기 성찰을 통해 순수한 자기로의 회귀성을 꿈꾸면서 억압된 타자성을 회복하려는 시도로 나타난다. 그의 시 세계 속으로 들어가 보자.

2. 생명공동체로서의 상호 교류와 화합

김봉렬 시인은 2022년 월간 ≪순수문학≫을 통해 등단한 지 3년여 만에 첫 시집 ≪설렘의 눈빛 다시 푸르고≫를 세상에 내놓는다. 시집은 총 68편을 4부로 나누어 17편씩 수록하고 있다. 그의 이번 첫 시집에 수록된 시편들은 대부분 자연물을 서정적 정념의 근원으로 하는 서정적 주체가 두드러진다. 인간과 자연의 이분법적인 경계를 지우고, 하나의 생명공동체로서 조화와 상생으로 결합하려는 그의 시적 추구는 사실상 자연 친화 및 인간 존재 회복의 필요성을 도출하는 기제로 작동한다. 다시 말해 김봉렬 시인은 농촌과 도시의 경계적 삶의 이행 과정을 경험으로 인지하여 자연 속에서 형성해 온 내면적 서정성으로 자연스럽게 도시적 삶을 통과하면서 자연을 충실히 반영해내는 전개 양상을 보인다.

시집 1부의 '혼돈의 젊음은 가볍지 않아'에 수록된 〈천둥지기 가는 길〉, 〈우화寓話〉, 〈외암마을〉, 〈꿈길에서〉, 〈까치집〉, 〈매미를 보내며〉, 〈한여름의 속삭임〉, 〈한여름의 목련꽃〉, 〈헌혈〉, 〈물의 노래〉 등 대부분의 수록 작품은 인간과 자연의 공존, 공생 의식 등이 짙게 배어 있는 작품들이다. 김봉렬 시인의 내면 의식을 탐색하는 과정의 산물로 보이는, 이러한 시 의식은 흔히 서정시의 특징이라 할 수 있는 '원형적 상상력', '원초적 허무' 등에 매몰되지 않고 자연과 인간적 삶의 구체성이 상호 침투되어 동일선상에 놓이는 김봉렬 시인의 긍정적 개성이라 할 수 있다. 먼저 아래의 인용된 시를 살펴보자.

천년송 나무 아래 나지막한 귀틀집
곡우철 못자리 인심 넉넉지 않아
마른하늘 바라보다 노루잠 설쳤는데
천둥친 뒤 여우비에 도랑물이 꿈틀댄다

포대기로 막내둥이 등에 업은 누이가
물꼬 잡는 괭이질로 부산하더니
천둥지기 윗배미 빗물 고인 논이랑에
바둑이도 삽질하며 신명 넘친다

산자락 언덕배기 그리운 얼굴도
기다림의 운명으로 횃불을 높이 들고
목이 말라 하얗게 밤을 지새워
짜디짠 눈물 한 방울까지 모아서
흥부의 심연을 서둘러 써레질한다.

— 〈천둥지기 가는 길〉 전문

위의 인용 시는 인간과 자연의 삶이 서로의 경계를 확연히 구분 지을 수 없을 만큼 상호 침투되어 있다. 〈천둥지기 가는 길〉은 시인의 유년 시절, 오로지 자연에 의지하여 삶을 이어가야 했던 경험을 소환하여 자연과 공존해 온 '삶'에 대한 가장 근원적인 사유를 수행해 간다. 이때 경험은 기억에 의존하게 되는데, 상식적으로 기억은 과거에 경험한 사실을 머릿속에서 재생해 내는 것으로 생각하기 쉽다. 그러나 기억은 과거의 경험을 단순히 복원하는 것이 아니라 과거를 참작하면서 동시에 미래를 조정하는 것이다. 김봉렬 시인 역시 과거의 경험을 사실 그대로 재생하기보다는 지난날의 경험을 조정하여 새로운 의미를 생성하고자 한다. 그것은 과거 자연 속에서의 삶의 기억을 더듬어 그리움으로 소환함으로써 그때 자연에 의존하고 공존했던 근원적 가치들의 지혜를 추구하는 과정을 보여주고 있다.

이 시의 1연에서는, 곡우 철에 절대적으로 필요한 비가 내리지 않아 온종일 마른하늘만 바라보아야 하는 농촌 현실이 하나의 풍경으로 제시된다. 속수무책으로 비를 기다려야 하는 현실은 "노루잠 설치"어 가며 기다려야 하는 막막함의 나날일 수도 있지만, 기다림 끝에 다다르는 것은 "천둥 친 뒤" 내리는 "여우비에" 드디어 "도랑물이 꿈틀"대는 광경이다. 그 공간에서는 막막함은 사라지고 "포대기로 막내둥이 등에 업은 누이"는 물론 "바둑이도" 신명이 난다. 자연과 인간이 모

두 하나가 되는 모습이다. 그것은 함께 고통을 끌어안는 동시에 전통적 공동체의 삶을 복구하는 역동적인 삶의 모습으로 볼 수 있다.

이 시에서 주목할 부분은 기다림의 운명을 지니고 있는 것은 단지 천둥지기 자연물만이 아니라 인간도 이와 다르지 않다는 것이다. 시인은 "그리운 얼굴"을 천둥지기 속성과 병치시켜 "기다림의 운명으로 횃불을 높이 들고/ 목이 말라 하얗게 밤을 지새워/ 짜디짠 눈물 한 방울까지 모아서/ 흥부의 심연을 서둘러 써레질"한다고 애절한 심정으로 표현하고 있다. 다시 말하면 시적 대상인 자연물에 서정적 자아가 개입하여 자연과의 상응을 통해 시인의 내면세계로까지 확장하고 있다. 자연에 의존해야 하는 자연적 삶의 실상이 '기다림'을 매개로 시적 자아의 감정과 상호 조화되면서 탁월하게 결합되어 생명력을 추동해내는 예라 할 수 있다.

어린 시절 방패연 가오리연 날리던
야트막한 언덕길 강둑에 서서
아름드리 미루나무를 올려다본다

오래 된 나이와 훤칠한 키에
뻔드르르 윤기 흐르는 머리결
거인의 넉넉한 품에 안긴 까치집
알에서 갓 부화된 새끼들 울음소리에
구름과 나뭇잎새 찰랑찰랑 흔들리는데

밤하늘의 은하수 별빛이
호기심 가득 초롱초롱 다가와
나무의 숨결 소리를 헤아리는 밤
새 생명의 심장 뛰는 소리에
강물도 은비늘처럼 흥에 겨워 출렁인다

까치집 보금자리에 온기가 돌아
곤히 잠들어 있는 어린 생명들
세상사 상처나 고통 없이 살아갈
용한 꿈을 밤새 꾸고 있을까?

- 〈까치집〉 전문

  이 시의 시적 대상은 '나무' '까치' '까치집' '구름' '은하수' '강물' 등의 자연물이다. 그리고 이들은 "오래된 나이와 훤칠한 키", "뻔드르르 윤기 흐르는 머리결", "거인의 넉넉한 품", 찰랑찰랑 흔들리는 "구름과 나뭇잎새", "은비늘처럼 흥에 겨워 출렁"이는 강물 등과 같은 시각적, 청각적 이미지와 어우러져 생동감 넘치는 상상력을 추동한다. "뻔드르르 윤기 흐르는 머리결" "거인의 넉넉한 품", "구름과 나뭇잎새 찰랑찰랑 흔들리는", "초롱초롱"한 "은하수 별빛", "강물도 은비늘처럼 흥에 겨워 출렁"이는 등의 시각적 이미지와 "갓 부화된 새끼들 울음소리", "나무의 숨결 소리", "새 생명의 심장 뛰는 소리" 등의 청각적 이미지가 결합하여 다채롭고 생명력이 넘치는 정경을 표현하고 있다.

이 시의 중요한 특징은 시인의 시선이 단순히 시적 대상에 감각과 의식을 표출하는 데 그치는 것이 아니라 상호 주관성의 계기를 함축하는 데 있다. 다시 말하면 시인은 자연과 하나로 호흡하는 투시적 관찰과 동화적 기법에 근거하여 자연 현상을 예의 주시하고, 그 합일을 심화시키는 과정으로 확장하고 있다. 시인은 이러한 과정을 통해 자연과의 교류와 화합을 이루고 그로부터 자기 존재의 본질적 가치를 회복하고자 한다. 이 합일은 결코 인위적이고 작위적인 인간 중심적 행위가 아닌, 인간과 자연이 상호 교감하며 화합하는 생명의 본래적 모습이다. 따라서 자연과 자아의 관계를 사물과 주체라는 주종 관계로 보지 않고, 하나의 생명 공동체로 상호 교류하는 동시에 새로운 재생을 기약한다고 할 수 있다.

3. 공존의 원리, 삶의 비의(秘義) 환기

 흔히 "시(詩)의 가능성은 시(視)의 가능성"이라는 말을 한다. '시인의 눈'이라는 관점으로 사물과 존재에 내재된 본질을 얼마큼 볼 수 있느냐에 따라 시 의식의 무한 확장과 심화의 정도를 가능케 할 수 있다는 것이다. 김봉렬 시인은 자신의 내면에 내재된 관념 속에서 시적 대상물을 포획하여 누층된 의미들을 '현재'로 압축하여 새로운 의미로 재창조한다.

2부 '해묵은 침묵도 남루한 고통도'에서는 자연의 시공간 속에서 한층 더 강화된 자연의 표상들로 가득 차 있다. 다람쥐, 바람, 나무, 꽃, 열매, 꾀꼬리, 비구름, 밤하늘, 꽃비, 잠자리, 이슬, 거미, 커피, 바다 등 화자의 시선에 포착된 여러 자연과 사물의 표상들은 인간의 삶을 은유하는 데 적극적으로 활용되고 있다. 이것은 자연으로 회귀하고 결합해야 하는 것을 전제한 시적 자아의 내면이 투사된 무의식의 발현이라 할 수 있다.

김봉렬 시인은 자연을 묘사할 때 대부분 관찰자 시선이 아닌 자연과 동일인의 시선을 갖는다. 이것은 자연으로 회귀하고 결합해야 하는 시인의 내면을 반영하고 있기에 취하는 시적 전략으로 볼 수 있다. 아래 시를 살펴보자.

내장산 아기다람쥐 잠이 든 사이
개암나무 밑동에 몰래몰래 숨겨 둔
도토리 한 움큼을 등짝에 메고
숨죽여 굽이굽이 서래봉에 오른다.

발우대 공양 앞세워 일주문 넘으니
벽련암 문루에 피안彼岸의 공동체 마을
거꾸로 사는 세상이 별미라는데
세상일을 뒤집어 되새김질한다

은싸라기 하늘을 푸른 바다 삼고
쪽빛 바다를 하늘가로 삼으니

물 위에 떠 있는 기암괴석 봉우리들
역발상의 선계가 눈 앞에 펼쳐진다

비몽사몽 월궁 선녀 만나는 듯
우화정 두 날개를 암팡지게 붙잡으니
쪽잠 문득 밀어내는 다람쥐 모자
차안此岸의 풍경 소리 툇마루를 두드린다.

- 〈벽련암 문루(門樓)에 누워〉 전문

  위의 인용 시에서 보여주는 바와 같이 자연물로서 바다, 하늘은 자연으로서의 표층적 의미를 뚫고 또 다른 의미망으로 전이되어 시적 자아와 존재의 근거를 초월하고자 하는 욕구를 엿보게 한다. 내장산 일주문을 지나 서래봉을 지붕 삼은 벽련암 문루에 이르게 되자 시인의 자연에 대한 감각적 체험이 마음의 현상학을 통해 유심론적 차원으로 전이되고 있음을 본다. 이것은 1연에서 "아기다람쥐 잠이 든 사이/ 개암나무 밑동에 몰래몰래 숨겨 둔/ 도토리 한 움큼을 등짝에 메고"라는 표현에서 알 수 있듯이 시적 자아는 이미 인간과 자연과 경계를 초월했다. 이것은 자연과 인간이 주종 관계가 아닌 생명공동체로 공존하는 관계로 자연과 인간이 교감하며 화합하는 생명의 본래적 모습이다.
  인간과 자연의 이분화된 인식의 경계가 지워지면 지금까지와는 전혀 다른 세계가 펼쳐진다, 예컨대 하늘은 푸른 바다가 되고 바다는 하늘이 되어 기암괴석은 산이 아닌 물 위에 떠 있다. 만약 이 시의 묘사가 벽련암 문루에서 바라본 하늘가의 푸름과 쪽빛 바다의 묘사에 그쳤다면 평범한 시에 그치고 말았을 것이다. 그러나 이 시에서 주목하는 것은 착시로 얻어진 전도된 세계와 현실 사이의 관계를 통해 주제의식을 형상화하는 방법이다. 일상의 현실과 착시에 의해 포착된 전도된 세계 사이의 관계는 분열된 자아의 심연 속에 깃들인 자연과 현실 사이의 경계를 압축함으로써 모든 경계를 풀고 자연과 물아일체가 되어 시인의 피안 세계에 대한 동경으로 엿볼 수 있다. 그것은 세상을 "거꾸로" 살거나 "세상일을 뒤집어" 살면 경험할 수 있는 세계이다. 그곳에선 "월궁 선녀"도 만날 수 있고, "우화정 두 날개를 암팡지게 붙잡"을 수 있다. 그러나 그 세계는 영원히 지속되는 것이 아니라, 이내 현실 세계로 회귀하게 된다. 이러한 이분법을 넘어서는 사유의 형태는 이분법의 구성인자를 이루는 대립개념에서 벗어난 새로운 개념을 요청한다. "다람쥐 모자"에 의해 쪽잠(착시)에서 깨어난 시적 화자는 "툇마루를 두드"리는 "차안(此岸)의 풍경 소리"로 인해 새로운 주체에 도달하려는 도정에 있다고 볼 수 있다. 이는 현실 세계를 떠난 이상향에 대한 동경이 아닌, 자연과 인간, 피안과 차안의 공존의 원리를 자연스럽게 결속시키면서 삶의 비의를 환기하는 시적 전략이다. 따라서 이 시에서의 시적 공간은 자연과 깊이 교감할 수 있는 특별한 공간으로 탄생한다. 지금, 여기 너머의 현실과 이상이 공존하는 지혜를 암시해 준다.

> 밤 사이에 찬 이슬이 내리고
> 나무와 나무 사이
> 풀거미가 어수선하게 거미줄을 쳤다
> 범나비나 집시나방이 걸려들고
> 고공비행하던 잠자리가 걸려들어 발버둥쳤다
> 연민이 가득한 나는
> 애석한 마음마저 들어
> 폴짝거리는 빨간 고추잠자리만
> 간신히 구출해서 허공에 날려 보냈다
> 교활하고 날쌘 거미는
> 포식자도 아닌 나를
> 편견일 것이라는 듯이
> 무심히 쏘아보며 분노한다
> 밤새 악몽에 시달렸던 나는
> 거미를 가증스럽게 여겨
> 피식 웃었다.
> — 〈사냥〉 전문

시인이 시를 생성시키고 이끌어 가는 동력은 사랑이다. 김봉렬 시인의 시에서의 사랑은 일상의 견고한 벽을 뚫고 근원적 순수가 살아 있는 자연으로 들어가는 일로 표상된다. 오늘날 우리 사회는 약자에 대한 차별과 소외의 고통을 겪고 있다. 위의 인용 시는 작은 생명에 대한 연민을 통해 작은 생명체를 감싸는 공존의 의미와 더불어 포식자의 실존을 불가피한 형식으로 노래하고 있다. 찬 이슬 내린 아침의 산책길에서 만나는 '거미 사냥'을 보면서 시적 화자는 소외된 존재자들을 옹호하는 마음을 가지고 있음을 선명하게 드러낸다. 이는 "연민이 가득한 나는/ 애석한 마음마저 들어/ 폴짝거리는 빨간 고추잠자리만/ 간신히 구출해서 허공에 날려 보"내는 행위에서 고스란히 확인할 수 있다. 그것은 거미줄에 포획된 생명체들을 보며 포식자와 피식자, 즉 지상적 존재들이 지닌 본질적 운명을 사유하는 것이다. 이 사유는 결국 "교활하고 날쌘 거미"와 그 "거미를 가증스럽게 여"기는 나와의 간극을 보여주지만, 동시에 "편견일 것이라는 듯이 쏘아보며 분노"하는 거미를 통해 피식자와 포식자의 먹이그물이 유지될 때 생태계의 평형은 이루어진다는 자연계의 질서를 보여준다. 이와 같이 상반된 속성을 하나로 묶는 것은 경계를 무화시키며 끝없이 순환하게 하는 자연에서 얻게 되는 삶의 비의로 읽힌다. '거미'와 관련된 또 다른 시 한 편을 살펴보자.

새벽 산책길에 밀려오는
무례한 물결 거듭 손사랫짓하며
무거운 눈꺼풀 너머로 너를 쏘아본다
결백한 성자를 이토록 포박하는 게 맞냐고
힘없이 조여드는 나의 흉부
언저리에 야릇한 자극이 다가온다

검은 손톱의 찰흙 같은 마력으로
떡살 주무르는 엉덩이의 현란한 몸짓

나름 존재감 발산하며 건네 주는
빛 고운 실크 끝단의 아픈 실밥들
천생天生 너는 너대로 나는 나대로
밤새도록 협업하며 가늘게 뽑아낸 인드라망

함께 빚어 내는 인고의 순간마다
차곡차곡 정분의 구슬이 쌓이면서
끈적한 연두부 치즈 같은 바람이
허파꽈리 빈틈으로 촘촘히 불어온다

세월 넘나드는 너와 나의 민망한 화해
정형화된 교만의 굴레를 벗으니
의롭게 하나가 되는 오솔길 따라
지저귀는 산새들 울음소리에
철든 아기 부처 단잠을 깬다.

– 〈거미줄 연가〉 전문

  위의 인용 시는 단순한 거미 이야기 같지만 '거미'라는 상징을 통해 생명에 대한 감정의 흐름을 직관적으로 보여준다. 앞의 〈사냥〉에서 보여주는 '거미'는 포식자에 비유되었다면, 이 시에서의 '거미'는 불교적 의미를 상징하는 시어로 읽힌다. 거미를 '수라'라 하여 아수라의 세계를 의미하는가 하면, 거미줄에 생존을 건, 즉 무엇인가를 매단 줄, 혹은 인연을 상징하는 의미로 윤회의 상징으로 이야기되기도 한다. 또한 거미줄로 집을 짓고 살며 거미줄로 먹이를 나포하는, 자신도 모르게 저지르는 업을 의미하는 것으로 인간 존재의 비극성을 드러내기도 한다.

  김봉렬 시인은 이 상징을 통해 생명에 대한 감정의 흐름을 하나의 풍경으로 보여준다. 거미가 "찰흙 같은 마력으로/…/나름 존재감 발산하며/…/빛 고운 실크"를 뽑아내는 것은 "아픈 실밥들"이지만 그것은 "인드라망"이다. 이것은 시적 자아가 염원하는 불이(不二)의 세계, 즉 화엄의 세계와 이어져 있는 듯이 보인다, 거미가 상징하는 다양한 의미를 통해 화엄에 도달하고자 하는 것은 삶의 비의에 근접하는 새로운 방식이 될 수 있다. 따라서 이 시에서 거미는 단지 시적 대상으로서의 사물이 아니라 시적 자아가 도달하고자 하는 모습이 치환된 양상을 띤다. 그렇다면 이 시는 시인의 내면세계가 거미의 상징을 빌려 열린 공간으로 전환하고 있음을 보여준다. 거미줄, 즉 모든 것이 보이지 않는 끈으로 연결되어 있다는 생각은 이미 '온 우주가 서로 긴밀하게 영향을 주고받는다' 라는 바로 화엄(華嚴) 사상을 의미한다. 이는 '거미' 라는 작은 생명력을 존중하는 일을 통해 공존의 새로운 시적 차원을 열어 놓는다. 다시 말하면 작은 생명체와 공생이라는 새로운 시적 차원을 열어 놓음으로써 조화로운 공존의 의미를 발견하게 된다.

4. 서정 지향, 인간 존재의 본질 회복

　오늘날 우리의 현실은 문명과 자연, 도시와 농촌 등의 이분법이 성립되지 않을 만큼 도시적 삶의 질서로 재편되어 있다. 그러나 김봉렬 시인은 우리 삶의 근원적 배경을 자연과의 공존, 자연과의 합일로 노래해 간다. 달리 말하면 그의 시는 시적 주체인 자아가 자연과 공명하면서 자연스럽게 자연 친화와 생명 존중이 우리 일상에서 되찾아야 할 상징적 가치로 여긴다. 따라서 이번 시집의 많은 시편에서는 생명체들이 단순히 현존하는 자연물로서가 아니라 삶의 새로운 가치로 변주되어 나타난다. 김봉렬 시인의 시선에 포획된 자연은 단순히 자연물이라는 표층적 의미를 뚫고 그것이 형성하고 있는 복합적인 의미망을 발견하는 시적 장치로 존재한다. 다시 말하면 김봉렬 시인은 자연과 사물을 예의 주시하면서 그것을 내면화하는 과정을 통해 자연과의 화합을 추구하고 인간 존재의 본질을 회복하고자 한다. 자연과 사물의 본질적인 존재 방식을 통해 삶의 비의(秘義)에 도달하려는 이러한 의지는 자연 사물에 내재한 소멸과 신생의 원리에 대한 사유를 수행하게 해준다.

　　쭈글쭈글한 신갈나무 잎처럼
　　편협한 의식의 내면이
　　자작자작 양탄자로 불타는 시월에
　　치솟는 분노마저 산 아래에 내려놓고

지리산 하늘가 촛대봉 가까이
단숨에 다다르고 싶은 가을에
세월의 단풍 들어 축축한 눈
내 가슴 속의 구겨진 번뇌를
낡은 배낭에 넣어 산에 오른다.

(중략)

여명처럼 개운하게 다가오는
화엄華嚴의 반달곰 포효 소리
그저 말없이 따를 수만 있다면
산만하지 않은 저 기상
넉넉한 풍채를 흠모하다가
알록달록 함께 물들어가리.

― 〈시월, 잊혀진 오후〉 부분

  위의 시는 가을 단풍을 보고 풍경화적 기법으로 마음의 풍경을 담아낸다. 시적 자아는 대자연이 주는 장엄한 풍경 속으로 들어가 "알록달록 함께 물들어가"고 싶은 신생의 희망을 드러낸다. 그러기 위해서는 인간적 번뇌인 "쭈글쭈글한/…/편협한 의식의 내면"도 "가슴 속의 구겨진 번뇌"도 비워내야 한다. 그렇게 인간적 번뇌를 내려놓고 산에 오르면 "여명처럼 개운하게 다가오는" "화엄華嚴의/ 포효 소리"를 만나게 된다. 이러한 자연에의 지향은 자연과의 상응을 통해 존재의 본질을 회복시키고자 하는 욕구를 드러낸다. "산만하지 않은 저 기상"은 군더더기 없는 원초의 생의 순연함을 표현하는 불교적 공空 혹은 노장적 무無의 개념에 가깝다. 이것은 인간적 번뇌로 그릇된 세계에 대항하는 절대적 가치라 할 수 있다.

  지금까지 김봉렬 시인의 첫 시집 ≪설렘의 눈빛 다시 푸르고≫의 시적 원리를 중심으로 시적 사유와 그 의미에 대해 간단하게 살펴 보았다. 이번 시집은 거스를 수 없는 물질만능의 자본주의 물결에 휩쓸려 가는 세상에서 어떻게 살아가야 하는지에 대한 질문이자 대답이다. 특히 이번 시집에서 뿜어 나오는 근원적이고 강렬한 에너지는 자연과의 공존, 생명 존중의 마음에서 발원된다고 말할 수 있다. 이는 현시대의 흐름에서 보면 이러한 서정성은 고독하고 고통을 수반하는 일이지만, 그동안 자신을 규정해온 현실의 견고한 삶에서 배제되고 누락되었던, 순수했던 기억들을 호명함으로써 자신에게 온전한 집중하는 일관성을 잃지 않는다. 그 결과 자연물을 서정적 정념의 근원으로 인식하는 기반 위에서 인간과 자연이 상호 침투하고 융합하는 관계를 통해 순수한 자기로의 회귀성을 꿈꾸면서 억압된 타자성을 회복하려는 시적 경향을 선명하게 확인할 수 있다.
  그렇게 이번 시집 ≪설렘의 눈빛 다시 푸르고≫는 자연과 인간의 상생을 통해 삶의 새로운 길을 내고자 하는 심미적 풍경으로, 우리 시대의 서정시에 대한 유

의미한 정서적 충격을 줄 것이라 믿는다. 자연 친화와 생명 존중 사이에서 순수를 향한 그 도정의 첫걸음에 거는 기대가 크다. 자연과 서정에 대한 더욱 진전된 '시의 꽃'을 피우기를 기대한다.

순수시선 695

설렘의 눈빛 다시 푸르고

김봉렬 지음

2025. 9. 15. 초판
2025. 9. 20. 발행

발행처 · 순수문학사
출판주간 · 朴永河
등　록　제2-1572호

서울 중구 퇴계로48길 11, 협성BD 202호
TEL (02) 2277-6637~8
FAX (02) 2279-7995
E-mail ; seonsookr@hanmail.net

· 저자와의 합의하에 인지를 생략함
· 잘못된 책은 바꾸어 드립니다

ISBN 979-11-91153-88-0

가격 15,000원